Alles und Nichts

Felix Hahn

AF139553

Inhalt

Kapitel 1 „Alles“

Kapitel 2 „und“

Kapitel 3 „Nichts“

Kapitel 1

„Alles"

Einsam

Nacht für Nacht in meinem Traum
Tag für Tag in meinem Sinn
traurig ist mir jede Stund´
die ich nicht bei Dir bin

Große Worte

Liebe ist kein großes Wort
daraus erwachsen kann so viel
hab´s nie gesagt, außer zu Dir
das offenbar einmal zu oft

werd´ nie mehr wagen diesen Fehler
auch Lieben werd ich nicht mehr tun
brauchst nach nichts mich nun mehr fragen
weisst, Du kennst die Antwort schon

Blind

Mit Worten vermitteln
was tief im Innersten geschieht

Mit Blicken sagen
was ein Wort nicht vermag

Mit kleiner Berührung, leisem Kuss
o lieblicher, längst vergangener Tag

Sommernachtstraum

Bist mein Glück
mein Alles

bis ans Ende der Welt
wieder zurück

vierblättriges Kleeblatt
bist Alles, bist Nichts

Rotation

Die Welt dreht sich
stetig, wie Vögel ihrer Bahnen zieh´n.
Lausche leise sitzend diesem Bach
in mich hinein.

Wie plätschernd Wasser durch das Rinnsal
rinnt
sind verflogen all die Jahr´.
In denen sie noch bei mir,
in denen ich noch glücklich war.

Die Welt dreht sich weiter,
unbeeindruckt meines Seins.
Welt, dreh dich weiter,
als hätt´ ich niemals nie um sie geweint.

Blickwinkel

Im Nachhinein betrachtet, ist vieles von dem was wir im Leben getan, welche Entscheidungen wir getroffen haben, traurig und unsinnig. Es ist müßig sich darüber zu streiten wer Schuld hat und wer nicht. Auf jede Aktion folgt eine Reaktion, auf jedes Handeln das nächste. Selten wohl überlegt oder durchdacht, vor allem wenn Emotionen, Gefühle oder gar Liebe im Spiel sind. Schuld ist hier, wie fast alles in einer Beziehung, nur ein subjektives Empfinden, welches von den eigenen Unzulänglichkeiten ablenken soll. Was das bedeutet? Fragt euch selbst. Ich weiß nur, dass alles an Bedeutung verliert, wenn man den Menschen, der für einen die Welt bedeutet, einmal gefunden und wieder verloren hat.

Erstaunlich, wie unterschiedlich die Dinge doch aussehen, je nach dem, von welchem Standpunkt aus man sie betrachtet. Erstaunlich, wie viele Antworten es auf nur eine Frage gibt.

Vorher / Nachher

Ich will glauben, dass die Liebe alles ist,
was wir zum lieben brauchen.
Will glauben, dass es ausreicht,
um Dich bei mir zu halten.

Lass mich noch einmal in Deine Augen sehen,
lass mich Dich noch einmal spüren.
Bevor Du gehst,
und aufhörst mich zu lieben.

Es ist wie es ist

Was ist es, was uns antreibt?
Was ist wichtig?
Sind das die richtigen Fragen?
Warum und wofür leben wir?
Gibt es einen Sinn,
in all dem Streben nach Mehr?

Ich hab mein Glück gefunden.
Meinen Sinn, mein Mehr.
Einfach alles, meinen Platz.
Und bin damit nicht glücklich.

Versteht mich nicht falsch.
Ich möchte nichts davon missen,
um nichts in der Welt tauschen.
Es gehört einfach dazu.

Ihr Zwei

Selbst wenn es nur ein Traum ist,
ich halte daran fest.
Woran sonst?
Ich bin angekommen.
Alles hier,
in jedem kleinen Stück,
ein Teil von Dir,
was man Zuhause nennt.

Du

ich vermisse dich
deine Zärtlichkeit
das Funkeln in deinen Augen
jedes einzelne, kleine Häärchen auf deinem
Bauch

ich vermisse dich
deine Nähe
dein Lachen
dich zu Küssen

am meisten allerdings
vermisse ich dich in den Armen zu halten
deinen Duft
zu wissen, dass du bei mir bist

Wir

Es sind all die kleinen Dinge
All das, was man nicht beim Namen nennt
Was man nicht in Worte fassen kann
Worum es geht
Was den Unterschied ausmacht
Weshalb es nicht nichts ist
sondern unendlich
unbeschreiblich viel
einfach alles für mich
ihr zwei
wir

Damals

Jahr um Jahr vergeht
Dinge nehmen ihren Lauf
Veränderung
Nimmt alles in kauf

Ich beweg mich hier nicht weg
Auch wenn es lange an der Zeit
Ich bleib hier stehen
Ich leb in der Vergangenheit

Schlaflos

Was hab ich getan
Was hab ich aus dir gemacht
In meinen Gedanken
Unendlicher Traum
Unwirkliches Wesen
Dämon
Suchst mich heim
Nacht für Nacht

Ohne Ton

Wie ein Vogel mit gebrochenem Flügel
Wird überleben
Wohl nie wieder Fliegen

Wie ein Lied ohne Ton
Da
Doch kann´s keiner hören

Sehnsucht gefüllter Raum
Der Wirklichkeit entschwunden
Angekommen, zuhause im Traum

Die richtigen Worte

Die richtigen Worte zu finden
Gefühlen ein Gewand zu verleihen
Das du es verstehst
Es dich erreicht

Halte jeden Tag frei
Den Platz in meinen Armen
Bis sich unsere Wege wieder kreuzen
Du zurückkehrst zu mir

Die richtigen Worte zu finden
Das Gedanken wirklich sind
Vergangenheit zu Zukunft wird
Du und ich am selben Ort

Du fehlst hier

Lange her und schon fast nicht mehr wahr
Stehe jeden Tag am Fenster, wünsch mir Du
wärst da
kann Dich nicht vergessen, leider auch nicht
mehr spüren
wie es sich anfühlt, dich zu küssen, Deine
Lippen zu berühren

Du fehlst hier, Du fehlst mir, mit jedem Tag
mehr
Und jede Sekunde allein, ist unendlich leer
Ja jede Sekunde, fällt mir unfassbar schwer
Du fehlst hier, Du fehlst mir, mit jedem Tag
mehr
Und jede Sekunde allein, ist so unendlich leer
Ja jede Sekunde, fällt mir so unfassbar schwer

Fällt mir nicht leicht, klar zu denken
Denn alles was ich liebe, wohnt tief in Dir
Bist nicht mehr hier, nicht mehr bei mir

Diese Schmerzen zu fühlen, ist auch irgendwie
schön
Sie lassen mich wissen, das ich nichts anderes
will
Dein lockiges Haar, den Duft Deiner Haut

In Deinen Armen liegen, alles vertraut

In dieser einsamen Stille, schließe ich meine
Augen
Denk Dich zu mir, lass Dich nie wieder gehen
Kann Dich einfach nicht für immer, nicht für
immer verlieren

Reise

Ich ziehe aus, meinen Frieden zu finden
Lass mich einfach treiben, wohin der Weg
mich auch führt
Nehme nichts weiter mit, nur eine Tasche fürs
Glück
Am Ende der Hoffnung, am Anfang Richtung
weg

Schritt für Schritt immer weiter, weiter weg
von hier, weiter weg von dir
Kann auch bald wieder schlafen, meine Augen
schließen und sehen
Träumen und denken und atmen, vielleicht es
verstehen

Ein letzter Kuss in Gedanken, ein letzter, leiser
Gruß
Haben aufgehört uns zu kennen, weil man das
wohl so tut
Lass mich einfach nur treiben, vom Wandel
der Zeit
Werd mich einfach verlaufen, im Trubel
Auf meiner Reise Richtung Glück

Schritt für Schritt immer weiter, weiter weg
von hier, weiter weg von dir

Kann auch bald wieder schlafen, meine Augen
schließen und sehen
Träumen und denken und atmen, vielleicht es
verstehen

Und nach all diesen Tagen, allein, an fremden
Orten
Rastlos und mit Zweifeln im Gepäck
Wird mir wieder klar, dass alles was ich Suche
Nie woanders, nie woanders war

Noch ein kurzer Halt am Strand, die Tasche
füllen und los
Am Ende meiner Reise, am Anfang meines
Glücks
Am Anfang vom Ende, führt mein Weg mich
zurück
Zurück nach Haus, zu allem was mir fehlt, was
ich vermiss
In der einen Hand die Zeit, in der anderen
Hand die Tasche
Voll mit Sand von unserem Strand, voll mit
unserm Glück

Bilder im Kopf

Mit dir am Strand, die Sonne scheint
Das Meer ist blau, die Möwen ziehen Kreise
Bilder im Kopf, ja ich hab Bilder im Kopf
Bilder im Kopf, Bilder von dir
Am Strand, die Sonne scheint
Das Meer ist blau und Möwen ziehen Kreise
Hier fühl ich mich frei, bei dir zu sein
Mit dir allein, dem Sonnenuntergang entgegen
Mit dir allein, zusammen sein
Zwei, drei Gläser Traubensaft, ne Decke und
die Eels
Sand zwischen den Zehen beim Augen öffnen
Dich in meinen Armen spür´n
Jeden Tag das Gleiche, schöner kann ein
Traum nicht sein
Bilder im Kopf, ja ich hab Bilder im Kopf
Bilder im Kopf, Bilder von dir

Wofür

Gegen Wände rennen, keine Schmerzen mehr
spüren
Alles vergessen, alles verstehen
Zeiten ändern sich, jeden Moment, im
Augenblick
Würd so gern wissen, ob und wann ich dich
seh
So wie früher, mit diesem Funkeln das dich
umgibt
Würd so gern sagen bis morgen, du bist alles
was zählt
Doch woher soll ich wissen, was heut noch
passiert und vielleicht morgen geschieht
Wir einander versprechen und die Zeit niemals
hält

Hab versucht zu vergessen, was tief in mir
wohnt
Versucht zu begreifen, was in Gedanken
beginnt
Was Handeln lenkt und Tage bestimmt
Warum Nächte schlaflos und Tage ohne Farbe
sind
Wieso, weshalb und wofür
Jeder Gedanke, jeder Traum, das alles bist du,
gehört dir

Schlaftrunken

Hab dich tausendmal gefunden
Tief in jeder Nacht
Jeden Morgen
Auf´s Neue dann verloren

Mit dir getanzt
In jedem traurigen Moment
Mit dir gelacht

So viele Stunden mit dir in Gedanken
Sehnsuchtschwanger und allein
Wieder nur ein Wiedersehen
In meinem Traum mit dir

Glück

Ich hielt es in den Händen
Trug es um den Finger
Es lag jahrelang und täglich
Neben mir am Abend, in der Nacht

Hab vergessen es zu schätzen
Verschlafen mit ihm auf zu stehen
Nicht verstanden, dass im Laufe der Zeit
Worte an Bedeutung verlieren

Sternenhimmel

Seh ´nen Stern am Himmel
weiss er gehört dir
Seh die Wolken in der Nacht
hab mich zu dir gedacht

Bin froh, dass du da bist
Warum nicht hier
Bin froh, dass es dich gibt
Warum nicht bei mir

Warum nur, bist du mir so nah
wenn du nicht bei mir bist
Warum meilenweit entfernt
wenn ich dir in die Augen sah
Warum nur, tut das Schöne weh
warum wenn ich dich seh

Engel

Ich erkenn dich nicht wieder
warst mir gestern noch so nah
Bist einfach gegangen
heute nicht mehr da

Ich erkenn hier nichts wieder
alles sieht so anders aus
Laufe durch die Straßen
ohne dich, sieht keine mehr wie früher aus

Ich erkenn mich nicht wieder
fühl mich ohne dich einfach nur leer
Versuch die Sehnsucht zu ertränken
Engel, ich vermiss dich so sehr

Ohne dich

Ohne dich
kann ich nicht bei dir sein
Ohne dich
bist du nicht hier
Es macht mich traurig
Es ist einsam hier
Ohne dich
Ohne dich bei mir

Am Ende

Und ich schließe die Augen
denn ich will einfach glauben
das wir uns wiedersehen

und ich bin doch so müde
ausgelaugt von all den Gedanken
die hinter den Schranken
keinen Sinn mehr ergeben
kann mich selbst nicht verstehen
und nicht begreifen
warum man im Leben
aufhört zu geben
wenn es am nötigsten ist
so viele Irrwege geht
und am Ende von allem
es nur der eine Mensch ist
nach dem man sich sehnt

also schließ ich die Augen
denn ich will einfach glauben
das wir uns wiedersehen

Heute und Hier

Angst vorm Fallen, Angst vorm Geh´n
Angst vor allem, dich nicht wieder zu sehen
Eins sein, zu zweit sein,
nicht mehr getrennt sein von dir
Aufhören, anfangen, begreifen und verstehen
was es heißt nicht zu verstehen
Jetzt oder nie, heute und hier
an etwas glauben, ohne zu frier'n

Zeitenwende

Jeden Tag ein Brief an dich
jeden Tag so viele Worte über uns
dich und mich, all die ganzen Orte
an denen wir nicht waren
die wie ich wohl später sage
wir nicht gemeinsam sahen
so viele Worte voller Trauer und Schuld
Angst und Einsamkeit
voller Liebe und Sehnsucht
nach Vergangenheit

Tag für Tag

Ich bin es so leid hier zu sitzen
und Zeile für Zeile
in die Zeit einzuritzen
Den ganzen Tag
an dich zu denken
dir beim Kommen und Gehen
Tag für Tag zu zu sehen
Zu hoffen
das du mich eines Tages
anlächelst
und all diese Worte
ohne Sinn, einfach so
einfach verschwinden

Luftschlösser

Und ich schau in den Spiegel
auf meinen Schultern, all diese Last
und ich seh wie dein Bild
hinter mir langsam verblasst

Und die Augen, vom Alltag so müde
sehen auf all die Scherben
das all meine Träume
heut Nacht mit dir sterben

Für Nichts hier mehr stehen
keinen weiteren Schritt weitergehen
keine Luftschlösser bauen
und an Nichts, außer an Wunder glauben

Zeitvertreib

Ich frag mich jeden Tag
wie lang das noch so geht
„Vorbei" ist machmal doch
ein verdammt schönes Wort

Neuer Tag, wieder von vorn
Die selben Fragen, neuer Ort
Zeitvertreib und wieder tausend Worte reicher
Zeitvertreib, keinen einzigen Gedanken
leichter

Zwiegespräch

Die Grenzen fangen an zu schwinden
Traum und Wirklichkeit, Realität und Schein
Um klaren Gedanken ringen
Um Erleuchtung winden
Alles gesagt, Alles von vorn
Nichts verstanden, auf und davon

In den Straßen, egal wann und wo
Geschichte längst erzählt, nebenbei einfach so
Seh dich in den Augen, jeder fremden Frau
Hör dich im Getümmel, um mich herum alles
grau
Falschen Umweg, falsche Richtung gewählt
Am Scheideweg, im Zwiegespräch gefehlt

Vorbei ist vorbei

Tausend kleine Dinge
So wie früher jeden Tag
Was ich an dir nicht leiden kann
Was ich an dir mag

Vorbei ist vorbei ist vorbei und vorbei
Und ich laufe und laufe und laufe
Auf dich zu
Und ich laufe und laufe und laufe
An dir vorbei
Und vorbei ist vorbei ist vorbei bleibt vorbei

Tausend kleine Tränen
So wie früher all zu oft
Ein Funken deiner Wärme
Gedankenschwer der Kopf

Vorbei ist vorbei ist vorbei und vorbei
Und ich laufe und laufe und laufe
Auf dich zu
Und ich laufe und laufe und laufe
An dir vorbei
Und vorbei ist vorbei ist vorbei bleibt vorbei

Regen prasselt auf mich ein
Nachts um halb zwei, mir ist kalt

Seh Licht durch deine Fenster
hoff so sehr bis bald

Polaroid im Regen

Dein Polaroid im Regen, begleitet mich auf
allen Wegen
Dein Bild in meinem Kopf, wird immer bei
mir sein
Und egal wohin die Zeit mich trägt, ich weiß
es ganz genau
Und warum soll ich überhaupt, aufhören von
dir zu träumen
Mein Glück ist doch so nah, kein meilenweit
entfernter Ort
Und schließe ich die Augen, bist du mir wieder
nah
Und schließe ich die Augen, dein Polaroid im
Regen
Dein Bild im Kopf auf allen meinen Wegen

Einbetoniert

Wenn ich heute daran denke, was zwischen
uns war
Gleichermaßen traurig und schön
Jetzt bist du weg und ich seh dich wieder
lächeln
Das Funkeln in deinen Augen wieder da
Freut mich für dich und tut doch so weh

Einbetoniert, wie Häuser Fundamente für die
Ewigkeit erbaut
Würd dich so gern vergessen, ausradieren aus
meinem Sinn
Eine Ladung TNT im Mittelpunkt gezündet
und der Zukunft ihren Lauf
Wie kann man Naturgewalten lenken,
physikalisches Gesetz umgehen?
Brauch doch Sauerstoff zum Atmen, dein
Lächeln zum Leben

Einfach

Bin wieder mal da, wo ich vor Tagen, Wochen
und selbst Monaten schon war
Hab gedacht, dass schlimmste sei geschafft
doch mir wird klar
Manche Dinge kann man nicht verstehen und
erklären
Manche Dinge sind einfach, sind einfach da

Blauer Samt

Ich hätt so gern noch mehr, noch mehr von dir,
mehr zu verlieren
Hab alles schon verloren, was ich lieb an
jenem Tag,
Liegt alles weit zurück, im Nebel, hinter einer
Wand aus blauem Samt
Und ich warte auf den Tag, an dem ich mich,
an dem ich mich selbst, komplett verlier
Niemals zuvor hab ich mich je so gefühlt,
einsam und leer
Kann nur noch daran denken, die Zeit nicht
nach vorn, rückwärts zu drehen
Komm nach Hause Baby und nimm meine
Hand, leg dich zu mir
Lass uns im regen tanzen, über nichts und alles
lachen
Komm nach Hause Baby und entflamm den
blauen Samt
Mach ein Feuer aus Vergangenheit, lass es
brennen lichterloh
Bis die Zukunft Regen bringt, Schuld und
Schmerz vergessen sind

Zeit vergeht

Zeit soll alle Wunden heilen
Das seh ich nicht
Ja, Zeit vergeht und man vergisst
Daran zu denken und an dich

Das Auge zwinkert
Innerlich gelacht
Alles halb so wild
Hab heut nicht an dich gedacht

Danke

Einen Tag am Strand, wir drei allein
die Wellen singen Lieder
und der Wind malt Wolkenbilder
Die Möwen ziehen Kreise
und neues Leben
baut erstes Haus auf seine Weise
Hab Tränen in den Augen
kann nichts dagegen machen
nichts ist schöner
als unbeschwertes Kinderlachen

Kapitel 2

„und"

September '13

Momentaufnahme
Resignation

Tagtraum
Zukunftsvision?

Veränderung

Baum im Winter
bietest nichts schönes mehr

Baum im Winter
bist kahl und weiß

Baum im Winter
wirkst völlig tot

Baum im Winter
im Sommer noch das Leben

Baum im Winter
siehst, wie Zeiten sich ändern

Gelbe Rose

Gelbe Rose,
bist voller Schönheit,
voller Kraft.

Gelbe Rose,
bist voller Leben.

Gelbe Rose,
stimmst mich nachdenklich,
bereitest mir Schmerz.

Der Lauf der Dinge

Alles beginnt von vorn
und endet im selben Moment.
Der Lauf der Dinge ist wie der Wind,
vorherbestimmt.
Doch egal was gestern war,
morgen vielleicht ist.
Heute, in diesem Augenblick,
bin ich glücklich.

Dinge ändern sich

Ich weiß nicht, ob das, was ich gefunden
Von Dauer und beständig ist
Weiß nicht, ob es das, was ich gesucht

Was ich weiß, dass es mir Freude bereitet
Mich glücklich macht
Für den Augenblick, diesen Moment

Dinge ändern sich
In jedem Augenblick
In diesem Moment

Anders

Ein Buchstabe, groß oder klein
Ein Wort, hier und nicht da
Der Sinn sich verändert
Ein Gedanke, so anders und wahr

Egal

Das Schöne am Schreiben
egal was man schreibt
ob richtig oder falsch
sinnvoll oder nicht
es ist und bleibt
des Dichters Gedicht

Wort

Das Wort als Solches, als feste Größe, als
unantastbar gesehen
im Zwischenmenschlichen, im Miteinander,
im täglichen Gebrauch zur Kommunikation

fehlinterpretiert
missverstanden
nicht artikuliert

worüber beschwer ich mich eigentlich
geh ich doch selbst achtlos damit um

Das erste Mal

Schweißflecken, so groß wie Asien an der
Wand
Zitternd, die halbe Nacht im Schlaf gerannt
Hab alles schon erlebt, hab ich gedacht
hab mir was vor gemacht

Das Internet macht´s möglich
Und ich spiel mit, sehr löblich
Ne halbe Stunde eher da
Und nur die eine Frage, klar

Blumen, oder lieber nicht
Die feuchte Stirn, schnell abgewischt
Um die Ecke, zum Floristen eingebogen
Mama hat mich gut erzogen

Gefühlte Stunden später
Bereit wie´n Attentäter
Seh dich in der Ferne kommen
Alles weg, total benommen

Lange Rede, kurzer Sinn
bin froh, dass ich da gewesen bin
Danke für die schöne Nacht
Hab schon lang nicht mehr so viel gelacht

Wiedersehen

Der Nächste Tag, ein Wiedersehen
Ganz aufgeregt, kann´s nicht verstehen
Die Stunde naht, der Puls wird schneller
Allein getanzt, die Nacht verbracht
Schade drum, zuviel gedacht

Versunken im „Für immer" und „Nie wieder"
Gedanken malen Bilder
Innerstes verzehrt sich stetig
Offensichtliches und ewig

Verpasst (Christin)

Das da was war, ist unbestritten
was, dass weiss ich nicht

vielleicht Verlangen nach einander, netter
Stund
zusammen sitzend, reden, trinken

hätt´ was Schönes werden können
vielleicht auch nicht

werden´s niemals mehr erfahren
passender Moment ist uns entwischt

Vergessen

So viele Worte, wilde Gedanken tiefen Sinns
wenn ich heut´ les´, was ich damals zu Papier
gebracht

kleine, leise Traurigkeit
tief unter der Haut

manches bleibt lieber vergessen
weit hinten im Schrank, in Kisten verstaut

Verlier mich in der Nichtigkeit der
großgedachten Worte
und all dem schönen Schein.
Hab dabei vergessen,
mit mir eins und eins mit mir zu sein.

Ich kann so schön im Selbstmitleid zerfließen,
mich in meinem Elend suhlen und so tun,
als wär das Leben mir nicht fair.
Ach wär da bloß nicht dieses winzig kleine
Ding
was mich mir selbst verrät.
In Wahrheit nämlich geht es mir nicht schlecht
und selbst das Glück, kreuzte neulich meinen
Weg.
Kann hohen Hauptes nicht behaupten,
dass eine meiner Tugenden Geduld.
Und am Rest des ewig gleichen Liedes,
bin einzig ich und niemand anders schuld.

Kapitel 3

„Nichts"

Tagtraum

Unzählige Gedanken kreisen still um den
Moment
In dem ich Dich nach Jahren, im Getümmel
traf
Die Stirn ganz feucht vom von Dir träumen
Der Geist meilenweit entfernt ganz nah bei Dir

Kann nicht beschreiben was ich fühl
Und nicht verstehen, was wie warum passiert
Das Herz fährt Achterbahn wenn ich Dich seh
Die Gedanken Karussell

Verlier mich in Deinen Blicken, leg mich in sie
hinein
Kann an nichts anderes denken, mein Kopf ein
leerer Raum
Seh Dich jeden Tag, in den Augen jeder
fremden Frau
Nur einen Augenblick für immer, bei Dir sein

> *Tessa* <

Dank Dir weiss ich,
es gibt diesen Moment,
in dem das Leben,
auf's Neue, von vorn beginnt.
Das Gefühl und Gedanke,
ich hätt's nie geglaubt,
neue, strahlende Formen annimmt.
Kann an nichts anderes denken,
keinen klaren Gedanken artikulieren.
Will nicht mehr vergessen,
wie es sich anfühlt Dich zu küssen,
Deine Lippen zu berühren.
Kann man Naturgewalten lenken?
Physikalisches Gesetz umgehen?
Brauch doch Sauerstoff zum Atmen,
Dein Lächeln um den Tag zu überstehen.
Alles Für und Wieder,
all der schöne Schein.
Lass den Augenblick nicht mehr verstreichen,
um mit Dir eins und eins mit Dir zu sein.

Jeder Moment mit Dir ist für mich Glück, will
keinen mehr missen
In keinem einzigen mehr ohne Dich sein
Man könnte meinen, es wäre perfekt, was es
ist
Doch frag ich mich, in jedem stillen Moment,
wie pass ich da rein
Wie soll das nur werden, was wird mit uns
passieren
Wenn die Schmetterlinge winterschlafen und
der nächste Frühling kommt
Hab so viele Fragen, weiss nicht wohin
Mit all den Gedanken die mich plagen
Die mit jedem Tag wachsen, an dem ich bei
oder nicht bei Dir bin
Hab Angst Dich zu verlieren, will jeden Tag,
in jedem Augenblick mit Dir sein

Illusion

bin so glücklich das es weh tut, jede Faser
meines Körpers brennt
die Gedanken rennen kreise, um den immer
gleichen Traum
find den ganzen tag lang keine ruhe, auch
nicht wenn ich schlaf
hab dein Bild vor meinen Augen, wünsch mir
du wärst echt
trau mich nicht zu träumen, hab angst ich
wach dann auf
tanze durch den regen, lebensecht die Illusion
Red mir ein es ist für immer, halt mich daran
fest

Es ist fast unerträglich, jeden Tag auf's Neue,
von Dir zu gehen.
Zu sagen "Ich vermiss' Dich." trifft es nicht
mal grade so, wie ein Blinder nicht das Ziel.
So viele Gedanken, kreisen wie Vögel über
Felder, über Dir.
Bin am Anfang einer Reise, jeder Weg führt
mich zu Dir.
Gibst mir die Kraft, mich neu zu definieren,
meinem Leben neuen Sinn.
Will Dich, dein Wesen, tagein, tagaus
studieren.
Will Dich für immer bei mir wissen, dein Herz
nie mehr verlieren.

Der Raum dehnt sich aus wenn du ihn mit
deinem Lächeln erfüllst
Jeder Moment scheint unendlich, wenn ich ihn
mit dir teil
Deine Wärme, dein Duft, dein bloßes Dasein
nimmt mir jeden Sinn
Will mich in dir verstecken, in deinen Augen
verlieren
Will nie wieder ohne dich, für immer mit dir
sein

Will Raum und Zeit in Moleküle spalten,
Tag und Nacht in sich vereinen.
Will Sommer, Herbst und Winter neu
gestalten,
Jeden Frühling mit Dir teilen.

Will Gedanken für Dich greifbar machen,
Blicke ohne Worte für Dich verstehen.
Will mit Dir im Regen tanzen, drüber lachen,
Hinter die Fassade, Dir tief in deine Seele
sehen.

Will alles von Dir wissen, jeden kleinen
Traum,
Mich an Dir betrinken, in deinen Augen
verlieren.
Will Für Dich die Welt verändern, jeden
kleinen Raum,
Mit Dir Liebe und Leben neu definieren.

Vielleicht wär's so am besten und soll auch so
sein
jeder für sich und für immer allein
Hab Herz und Kopf an dich verloren, es tut
weh
Bin am Punkt angelangt, an dem ich mich
selbst nicht mehr seh

Sitz schon wieder hier, zerbrech mir den Kopf
und zerbreche an mir.
Schreib lose Gedanken auf leeres Papier.
Hab deinen Duft noch immer in der Nase,
dein Bild vor Augen und diesen Schmerz in
der Brust.
Und ich stell mir die Frage, ob das für immer,
ob das sein muss.

Wenn ich liebe, lieb ich, mit jeder Faser
meines Seins.
Mit jedem Gedanken bin ich bei Dir.
Jeder Atemzug, ein Atemzug Sehnsucht.
Kann Nachts nicht schlafen, am Tag nicht klar
sehen.
Dein Bild vor Augen, mein Kopf ein leerer
Raum.
Nur das Gefühl, zu Dir zu gehören.

Deine Welt

Du fragst mich ob alles ok ist, ich sage „Ja!".
Doch in Wahrheit meine ich "Nein!".
Du fragst Dich warum?
Ich will Dich öfter, als nur ein paar Stunden
jede Woche sehen, mit Dir zusammen lachen,
Hand in Hand Spazieren gehen.
Ich weiss, es ist nicht Deine Art, doch ein
kleines „Du fehlst mir!" oder „Ich vermiss
dich!" zwischendurch und mein Kopf wär mir
nicht so schwer.
Bin kein Lückenbüßer auf deinem Weg zu
„Mr. Right".
Hätte mich jemand vor zwei Monaten gefragt,
ob ich mir vorstellen kann, mich neu zu
verlieben, ich hätte ihn ausgelacht.
Heute, möchte ich mein Leben mit Dir teilen.
Doch je mehr ich darüber nachdenke, umso
mehr muss ich mir eingestehen, dass es wohl
nicht dazu kommen wird.
Ich sehe Dich in deiner Welt, doch keinen
Platz neben Dir für mich.
Ich sehe Dich in deiner Welt, und doch lieb ich
Dich.

Du fehlst

Alles in mir, dreht und bewegt sich, nur wegen
Dir.
Doch jede Minute ohne Dich, fühlt sich an wie
eine Ewigkeit.
Ich weiss nicht, wie ich damit umgehen soll,
Dich nur so selten zu sehen, Dir nicht nah sein
zu können.
Nicht zu wissen was Du denkst und fühlst,
raubt mir den Verstand.
Will die ganze Welt umarmen, teilhaben lassen
an meiner Liebe zu Dir.
Dem Glück, Dich gefunden zu haben.
Will Teil deines Lebens sein, doch sehe keinen
Platz neben Dir für mich,
scheinen mir alle schon besetzt.
Würd gern wissen, was ich für Dich in Deinen
Augen bin,
was Wir für Dich sind.
Ich habe Angst vor der Antwort, Angst davor,
Dir nicht gerecht zu werden,
Fehler zu machen, Dich zu verlieren.
Kann den Schmerz in meiner Brust, die
Sehnsucht nicht beschreiben.
Pures Chaos herrscht in meinem Kopf.
Das Einzige was ich weiss, ist, dass ich Dich
liebe,

Dir nahe sein, Dich spüren will,
in jedem noch so kleinen Augenblick.
Du fehlst hier!
Du fehlst mir!

Zwei

2-tausend kleine Dinge,
denn in allem Guten steckt die 2.
2-tausend kleine Dinge,
machen mich verrückt.
Ein bißchen Hiervon mehr auf Das
und die Gedanken fahren Kreise.
Etwas weniger von Dir, was bald nicht geht
und mein Herz schlägt leise laut.

2-tausend kleine Dinge,
die ich an Dir so mag.
Dazu 2-tausend mehr,
die ich nicht brauch.
Fühl mich gut,
wenn ich Dich seh.
Kann mich nicht leiden,
wenn ich Dich vermiss.
Das,
2-tausendmal zu oft.

Denk mir ab und an,
so zwischendurch "Warum?"
"Wirst Dich schon bei mir melden wenn Du
willst
und es Dir wichtig ist.
Was wohl leider nicht so ist."

"Lauf Dir nicht hinterher
doch kann hier auch nicht weg."
Denk mir so manchen Abend
"Was soll der ganze Mist?".
Denk nach so manche Nacht,
dann fällt´s mir wieder ein im Schlaf.

2-tausend kleine Dinge,
2-tausendmal verrückt,
nach Dir und deinen Lippen, deinem Duft.
Den 2-tausend kleinen Dingen,
2-tausendmal durch Dich.
Bin 2-tausendmal gestorben,
2-tausendmal dann neugeboren,
2-tausendmal,
bei jedem Kuss den ich Dich küss.

Ich schau aus dem Fenster, es ist kurz nach um
vier
Und ich schau in den Spiegel, du bist mal
wieder nicht hier
Ich denke nach, über dich und ein "Wir"
Und ich fang an zu begreifen, das du mich
nicht willst, nicht willst bei dir

Würd so gern verstehen, alles lenken
Keinen Gedanken, nicht vorwärts, nicht
rückwärts denken
Aufhören zu suchen nach dem Wieso, Weshalb
und Wofür
Es ist einfach, alles dreht und bewegt sich, nur
wegen dir

Und mit jeder Sekunde, die du nicht bei mir
bist,
vermiss ich dich einmal mehr
Und mit jeder Nacht ohne dich ganz nah hier
bei mir,
eine Nacht mehr in der mich wieder verlier
Dein fehlen tut mir weh,
dein Nichtdasein nimmt mir den Verstand
Weis nicht wohin mit all den Gedanken,
die halbe Nacht im Schlaf gerannt

Wenn ich geh hab ich deinen Duft noch
stundenlang um mich herum
Kann nicht klar denken, spür noch ewig deine
Haut auf meinen Lippen
Die Zeit heilt alle wunder und schafft neue im
selben Augenblick
hab gehofft ich seh
jetzt nicht mehr fremden Träumen beim
Inerfüllunggehen zu

Wenn ich dich seh
fangen die Gedanken Feuer
Und am Ende eines langen Traums
Stehst seit gestern wieder du
Der schönste Traum seit langer Zeit und kein
Erwachen
Das beste Gefühl seit dem ich weis das ich
noch leb
Mit dir ist für mich dort wo du bist, alles
Illusion

Dieser Ort an dem ich tief in meinem Traume
Stund um Stund verweil
Tausend kleine Bilder ziehen sich langsam vor
mir groß
Fangen an zu singen, tanzen und dann lachen
bei dir sein

Hab nicht geglaubt
das das noch geht
jemanden zu finden
Um den sich jeder
noch so kleine
leise Gedanke dreht

Jetzt ist´s vorbei
Und ich schau wieder fremden träumen
beim Nichtinerfüllunggehen zu
Und die Zeit heilt alle wunder
an die man geglaubt
Verfliegt wie im Fluge
zerfällt alles zu Staub

Im richtigen Licht

Mit jedem Blick ein Bild von dir vor Augen
In jedem Atemzug dein Duft
Im Schlaf der immer gleiche Traum
Im Herz dein Pfeil der es zerbricht

Der Sprung über den eigenen Schatten
Im richtigen Licht
Ein einziger Schritt
Im richtigen Licht

Ende

Alles und Nichts

Jede Sekunde die verstreicht,
jeder Tag der vergeht,
bringt dich ein Stück dem Ende näher.

Jedes Gefühl, das du hegst,
ist vergänglich.
Alles was du liebst,
wird irgendwann nicht mehr sein.

Alles, woran du glaubst, wird zerbrechen,
denn, nichts ist für die Ewigkeit.

Alles was du erwarten kannst,
ist eine Minute Vollkommenheit,
nicht mehr.

Herstellung und Verlag:
BoD - Books on Demand, Norderstedt
ISBN 978-3-7357-1952-2

9 783735 719522

FSC
www.fsc.org

MIX

Papier aus ver-
antwortungsvollen
Quellen
Paper from
responsible sources

FSC® C105338